AF362422

JUPITER,
VAINQUEUR
DES TITANS;
TRAGEDIE
DONNÉE A VERSAILLES,

Le 11 Decembre 1745.

DE L'IMPRIMERIE

DE JEAN-BAPTISTE-CHRISTOPHE BALLARD,

Doyen des Imprimeurs du Roi, feul pour la Mufique.

M. DCC XLV.

Par exprès Commandement de Sa Majefté.

La Musique est du Sieur DE BLAMONT,
*Sur-Intendant & Maître de la Musique de la Chambre;
Et du Sieur* DE BURI, *son Neveu, Maître de la
Musique de la Chambre.*

Le Ballet est de la Composition du Sieur LAVAL,
Compositeur des Ballets de SA MAJESTE'.

ACTEURS CHANTANS
DU PROLOGUE.

APOLLON,	Le S^r De la Tour.
DAPHNIS, Berger,	Le Sr Poirier.
UN BERGER,	Le S^x Richer.
PREMIERE BERGERE,	La D^{lle} Fel.
SECONDE BERGERE,	La D^{lle} Canavas.

TROUPE DE BERGERS ET DE BERGERES.

La Scene eft dans un Bocage fur les bords
de la Scine.

ACTEURS DANSANS.
BERGERS ET BERGERES.

Le Sr Malter-3. , La D^{lle} Le Breton ;

Les S^{rs} F-Dumoulin , P-Dumoulin , Matignon ,

Hamoche , Dumay, Dupré , Gherardi , Feuillade ;

Les D^{lles} Beaufort , Courcelle , Lyonnois-L. , Erny,

Thiery , Puvignée , Grognet , Lyonnois-C.

*On n'a pas crû devoir fuprimer quelques Morceaux
de cette Piéce , qui ne feront point chantés; on les a
feulement diftingués par une double virgule, qu'on
appelle *Guillemets* , faits ainfi (,,) et que l'on voit
au commencement des lignes de ces Morceaux.

ACTEURS CHANTANS
DE LA TRAGEDIE.

LE TEMPS.

SATURNE,	Le S^r De Chaffé.

SATURNE,   Le S^r De Chaffé.

CIBELLE,   La D^{lle} Romainville.

JUPITER,   Le Sr Jelyotte.

JUNON,   La D^{lle} Le Maure.

TITAN,   Le S^r Le Page.

UN SUIVANT DE TITAN, Le Sr Perfon.

SUIVANS DE TITAN.

PLUTON,   Le Sr Albert.

NEPTUNE,   Le Sr Cuvillier.

TROUPE DE CORIBANTES.

LE GRAND-PRETRE DU DESTIN,

Le S^r Le Page.

DEUX MINISTRES DU DESTIN,

Les S^{rs} De la Tour , & Cuvillier.

MINISTRES DU DESTIN.

LE SOMEIL.

MORPHE'E,   Le Sr Poirier.

UN SONGE AGREABLE,   La D^{lle} Fcl.

SONGES DE LA SUITE DU SOMEIL.

LA TERRE,   La D^{lle} De Lalande.

GEANS.

UNE BERGERE,   La D^{lle} Bourbonnoi,

UN BERGER,   Le Sr Poirier.

TROUPES DE BERGERS ET DE BERGERES.

L'AMOUR,   La D^{lle} Coupé.

UN PLAISIR,   Le Sr Poirier.

TROUPE DE DIVINITE'S.

ACTEURS DANSANS

DE LA TRAGEDIE.

PREMIER ACTE.

TITANS.

Le Sr Pitro ;

Les Srs Monservin , Dumay, Gherardy , Dupré , De Vice,
Javillier-C. , Malter-C. , Matignon.

SECOND ACTE.

CORIBANTES.

La D^{lle} Lyonnois-L. ;

Les D^{lles} Courcelle , St Germain ;

Les Srs Caillez, Feuillade , Malter-C. , Dangeville ,
Hamoche , F-Dumoulin ;

Les D^{lles} Carville , Rosalie , Rabon , Erny ,
Beaufort , Thiery.

TROISIE'ME ACTE.

MINISTRES DU DESTIN.

Les Srs Monservin , Javillier-L. Javillier-C. ;
Les Srs Gherardy, De Vice, Dumay , Dupré , Matignon ,
Levoir , P-Dumoulin , Feuillade.

QUATRIE'ME ACTE.

L'AMOUR,   Le Sr Laval.
L'ESPERANCE,   La D^lle Puvignée.

SONGES AGREABLES.

Le S^r D-Dumoulin , La D^lle Sallé.
Les Srs Monservin , Javillier-C. , Dumay , Dupré;
Les D^lles Rabon, Rosalie , Thiery , Beaufort.

BERGERS ET BERGERES.

La D^lle Camargo;
Les Srs Malter-L. , Malter 3. , Hamoche , Levoir;
Les D^lles St Germain , Courcelle , Puvignée , Lyonnois-C.

CINQUIE'ME ACTE.

LES GRACES.

Les D^lles Lyonnois-L. , Courcelle , St Germain.

JEUX ET PLAISIRS.

Les S^rs De Vice , Malter-C.;
Les D^lles Rosalie , Petit.

AMOURS.

Les Srs Bourgeois , Moizet.

NYMPHES.

Les D^lles Gaubet , Gautier.

DIVINITE'S.

Le S. Dupré;
Le Sr Monservin ,   La D^lle Carville;
Les Srs Gherardy , Javillier-C. , Caillez , Feuillade;
Les D^lles Rabon , Erny , Thiery , Beaufort.

ACTEURS ET ACTRICES,
Chantans dans tous les Chœurs.

DU CÔTÉ DU ROY;		DU CÔTÉ DE LA REINE;	
Les Demoiselles	*Les Sieurs*	*Les Demoiselles*	*Les Sieurs*
Dun,	Lefebvre,	Cartou,	Dun,
Tulou,	Marcelet,	Monville,	Person,
Delorge,	Albert,	Lagrandville,	De Serre,
Varquin,	Le Page-C.,	Masson,	Gratin,
Dallemand-C.,	Laubertie,	Rollet,	St. Martin,
Larcher,	Le Breton,	Desgranges,	Le Mesle,
Delastre,	Lamarre,	Gondré,	Chabou,
Riviere.	Fel,	Verneuil,	Levasseur.
	Bourque,		Belot,
	Houbeau,		Louatron,
	Bornet,		Forestier,
	Cuvillier,		Therasse,
	Gallard,		Dugay,
	Duchênet,		Le Begue,
	Orban,		Cordelet,
	Rochette.		Rhone.

MUSETTES, HAUT-BOIS, BASSONS,
Les Srs Chefdeville, Abram. Despreaux, Monot. Brunel, Rault.

PROLOGUE.

PROLOGUE.

Le theâtre repréſente un bocage ſur les bords de la
Seine, les arbres ſont ornés de guirlandes de fleurs.

SCENE PREMIERE.

TROUPE DE BERGERS ET DE BERGERES.

CHOEUR.

H! Qu'il eſt doux de ſuivre

Les amoureuſes loix !

Ah ! Qu'il eſt doux de vivre,

Pour aimer dans nos bois !

UN BERGER.

Il n'eſt point pour l'Amour de retraite plus belle.

UNE BERGERE.

Tout flatte les Amans dans cet azile heureux.

UN BERGER.

L'indifférent y devient amoureux !

UNE BERGERE.

L'inconſtant y devient fidéle.

A

PROLOGUE.

ENSEMBLE.

Dans ce riant séjour,
On ne respire que l'amour.

CHOEUR.

Ah ! Qu'il est doux de suivre
Les amoureuses loix !
Ah ! Qu'il est doux de vivre,
Pour aimer dans nos bois !

UNE BERGERE,
Alternativement avec le Chœur.

Chantons, dansons sous cet ombrage,
Tout rit à nos desirs ;
Profitons du printems de l'âge,
Ne formons que d'heureux soupirs :
Il n'est rien qui nous dédomage
De la douceur de nos beaux jours ;
Qu'ils enchaînent dans ce boccage,
Les jeux, les plaisirs, les amours.

PROLOGUE.

UN BERGER.

Un defir preffant, auffi tendre
Que le foin amoureux des plus belles ardeurs;
Dans ce féjour nous engage à nous rendre :
Daphnis a vû le plus grand des Vainqueurs,
Du recit de fa gloire, il va charmer nos cœurs;
Quel plaifir pour nous de l'entendre !

UNE BERGERE.

Daphnis paroît, il fe rend à nos vœux;
Pour l'écouter, interrompons nos jeux.

SCENE II.

DAPHNIS,

Et les Acteurs de la Scene précédente.

UNE BERGERE, à DAPHNIS.

CEdés à notre impatience.

UN BERGER.

Parlez-nous du Heros qui nous donne des loix.

UNE BERGERE.

Retracés-nous fes grands exploits,
Ses vertus, fa magnificence.

A ij

DAPHNIS.

Des rives de la Seine à sa Cour transporté,
Que j'ai vû de grandeur ! D'éclat ! De majeste !

UNE BERGERE.

Vous avés vû ce Roy, l'honneur du Diadême ?

DAPHNIS.

J'ai vû Mars & l'Amour, j'ai vû Jupiter même :
Sa Cour a tout l'éclat qui brille dans les cieux.

 S'il doit son trône à sa naissance,
 Sa valeur le rend glorieux :
 Il fait adorer sa puissance,
 C'est ainsi que regnent les Dieux.

Il préféroit la Paix aux fureurs de la Guerre,
 Ses Ennemis ont voulu la troubler :
 Mais le bruit seul de son tonnerre
 Les a tous, fait trembler.

CHOEUR DE BERGERES.

 ,, *L'Envie envain conspire :*
,, *Un peuple de guerriers suit ses drapeaux vainqueurs :*
,, *Tout est à redouter du Maître d'un Empire,*
 ,, *Qui l'est encor de tous les cœurs.*

CHOEUR DE BERGERS.

Dieux ! Ne bornés jamais ses belles destinées :

Du plus cheri des Rois ne soyés point jaloux ,

Ah ! Si nos vœux pouvoient prolonger ses années ,

Notre amour le rendroit immortel comme vous.

DAPHNIS.

Chantez-tous ce Heros sur vos tendres Musettes ,

Célébrez le Maître des cœurs :

Laissez à ses Guerriers , à ces fameux Vainqueurs,

Les Timballes & les Trompettes :

Chantez-tous ce Heros sur vos tendres Musettes ,

Célébrez le Maître des cœurs.

LE CHOEUR.

Chantons-tous ce Heros sur nos tendres Musettes ,

Célébrons le Maître des cœurs :

Laissons à ses Guerriers , à ces fameux Vainqueurs ,

Les Timballes & les Trompettes :

Chantons-tous ce Heros sur nos tendres Musettes ,

Célébrons le Maître des cœurs.

On danse.

PROLOGUE.

UNE BERGERE.

Sur les Autels de la Cour immortelle,
Un pur encens s'offre au Maître des Cieux :
Le tendre zele

D'un cœur fidéle ,
Pour un Heros , est aussi glorieux ;
Que les parfums précieux
Qu'on brûle pour les Dieux.

On danse.

UNE BERGERE.

Chantons cent fois , et répetons encore :
Notre Heros est digne qu'on l'adore !

CHOEUR.

Chantons cent fois , et répetons encore :
Notre Heros est digne qu'on l'adore !

LA BERGERE.

Au sage Roi qui tient ici sa Cour ,
On ne rend point de respects sans amour.

PROLOGUE.

CHOEUR.

Chantons cent fois, et répetons encore :
Notre Heros est digne qu'on l'adore !

LA BERGERE.

Il doit sa gloire aux Dieux qui l'ont formé,
Il ne doit qu'à lui seul le bonheur d'être aimé.

CHOEUR.

Chantons cent fois, et répetons encore :
Notre Heros est digne qu'on l'adore !

DAPHNIS.

Mais, quel éclat ! Quels sons mélodieux ?
C'est Apollon qui paroît à nos yeux.

SCENE III.
APOLLON,
Et les Acteurs de la Scene précédente.

APOLLON, dans son Char.

Pour des chants plus pompeux, la trompette guerriere
Me fait descendre ici bas:
Un nouveau Dieu des combats,
S'ouvre une immortelle carriere.

Rien ne se peut comparer aujourd'hui,
Aux vertus d'un Heros, dont l'ardeur vive & pure,
Dans le fond de son cœur surmontant la nature,
Guide son Fils, combat, et triomphe avec lui.

Je vais sur une auguste Scene,
Chanter les plus fameux exploits:
On y reconnoîtra sans peine,
Dans le plus grand des Dieux, le plus parfait des Rois.

FIN DU PROLOGUE.

JUPITER,

JUPITER,
VAINQUEUR DES TITANS;
TRAGEDIE.

ACTE PREMIER.

Le théâtre repréfente le Palais DE SATURNE.

SCENE PREMIERE.

JUNON.

SATURNE ! O mon Pere !
Que le jour qui me luit eft fatal à mes
     yeux !
La guerre eft favorable à Titan votre
     frere,
Son bras eft triomphant, il vous ravit les cieux.

B

JUPITER,

O ! Saturne ! O mon Pere !

Que le jour qui me luit est fatal à mes yeux !

Viens, Jupiter, viens calmer mes allarmes;

Les Destins ont prédit que ton amour pour moi,

Sur le trône des Dieux, feroit briller tes armes,

Et que les fiers Titans subiroient notre loi:

Si mon cœur a pour toi des charmes,

Cher Amant, mérite ma foi;

Rends le monde à Saturne, et Junon est à toi.

Helas! Où peut être Cibelle?

Sa présence rendroit ma peine moins cruelle.

SCENE II.
CIBELLE, JUNON.

ENSEMBLE.

AH ! Ma fille,
Ah ! Déeſſe, } *eſt-ce vous ?*

CIBELLE.

Je vais dans peu d'inſtans

Tomber dans les fers des Titans ;

Votre pere, déja, ſuccombe ſous leurs chaînes :

Mais, ma fille, eſperons de voir finir nos peines ;

Jupiter en ce jour, s'interreſſe pour nous,

Lui ſeul peut nous vanger de leurs funeſtes coups.

JUNON.

N'aprendrons nous jamais quelle eſt ſon origine ?

CIBELLE.

N'en doutez point, elle eſt divine :

Les foudres qu'il porte en ſes mains

En ſont des ſignes trop certains.

JUPITER,
JUNON.

Notre amour s'est accru dans l'ombre & le silence,
Ce Heros trop charmant, doit l'annoncer aux cieux :
Qu'il est doux de tenir la suprême puissance
Des mains d'un amant glorieux !

ENSEMBLE.

Lance tes traits, arme toi de la foudre ;
Vange nos funestes revers :
Que ta puissance éclatte dans les airs,
Réduis nos ennemis en poudre.

CIBELLE.

Helas ! Ce Jupiter, si terrible ! Si grand !
Qui vaincra l'univers, si son bras l'entreprend ;
Soumis aux loix d'un Pere inexorable !
De ses ans fortunés verra finir le cours,
Si le sort favorable
Ne cache sa naissance à l'auteur de ses jours.

JUNON.

Il faut que ce secret demeure impénétrable ?
Mais comment nous flatter qu'il le sera toujours ?

CIBELLE.

Pour ses freres & lui, j'osai tout entreprendre :
Elevés dans mon Temple à l'ombre des autels,
Ils doivent tous trois nous deffendre.

Pour remplir du Destin les decrets éternels ;
Jupiter va donner un maître aux immortels.

ENSEMBLE.

Lance tes traits, arme toi de la foudre.
Vange nos funestes revers :
Que ta puissance éclatte dans les airs ;
Réduis nos ennemis en poudre.

CIBELLE.

On vient !

JUNON.

O Ciel ! Quelles horreurs !

CIBELLE.

Evitez des Titans les barbares fureurs ;
Descendez chez mes Coribantes,
Instruisez votre amant, de nos communs malheurs ;
Allumez d'un regard, ses foudres menaçantes.

JUNON sort.

SCENE III.
CIBELLE, UN DES TITANS.

LE TITAN.

CIBELLE, il faut porter des fers ;
Vous trahiſſés Titan, vous êtes criminelle.
Venez ſubir l'arrêt d'une peine éternelle,
Venez, il faut me ſuivre & deſcendre aux enfers.

CIBELLE.

Du faîte des grandeurs, Ciel ! Où ſuis-je entraînée !
Deſtin, tu vois l'oprobre où je ſuis condamnée ?
Je te laiſſe mes fils pour vanger l'univers.

LE TITAN.

Venez, il faut me ſuivre & deſcendre aux enfers.

Ils enchaînent CIBELLE, et l'entraînent aux enfers.

SCENE IV.

TITAN, ET SA SUITE.

CHOEUR DES TITANS.

VOUS avés triomphé d'une implacable rage,
    Saturne est tombé sous vos traits :
Poursuivons ses enfans, qu'un funeste esclavage
Les tienne sous vos loix, enchaînés à jamais.

TITAN.

Le Ciel devient aujourd'hui mon partage.
    Ma valeur & votre courage
Remettent dans mes mains un Sceptre glorieux ;
Enfin, je vais regner & commander aux Dieux.

Pour obéir aux loix d'une orgueilleuse mere,
J'avois cedé le trône à Satune mon frere ;
    Mais ce sacrifice cruel
    Ne devoit point être éternel.

    Par un serment terrible, inviolable,
Pour regner sur les Cieux ce frere impitoyable,
    Promit que ses fils malheureux
Périroient en naissant, sous ses coups rigoureux.

JUPITER.

„ *Cet accord sanguinaire*

„ *Fit reculer d'horreur l'Astre qui nous éclaire ;*

„ *Cependant, il devoit nous ramener un jour*

„ *A l'Empire brillant du Céleste séjour.*

Saturne a trompé mon attente ;

Le parjure en secret a sauvé ses enfans :

Sans notre victoire éclatante,

Nous perdions pour jamais le sceptre des Titans.

CHOEUR DES TITANS.

Vous avés triomphé d'une implacable rage,

Saturne est tombé sous vos traits :

Poursuivons ses enfans, qu'un funeste esclavage

Les tienne sous vos loix, enchaînés à jamais.

TITAN.

Suspendez les transports qu'éxcite votre zéle ;

Honorez ce grand jour d'une fête immortelle :

Des charmes de la Gloire offrez tous les attraits ;

C'est pour les vrais Heros que ses plaisirs sont faits.

CHOEUR

CHOEUR DES TITANS ET DES DIVINITÉS.

Que le Ciel à jamais célébre la mémoire

De nos exploits victorieux :

Terre , imités les Cieux ,

Aplaudissez à notre gloire.

On danse.

UN TITAN,
Alternativement avec le Chœur.

Jour cent fois mémorable !

Sois à jamais durable :

Que nos accords divers,

Nos bruyans concerts

Frappent les airs :

Gloire toujours brillante ,

Ton éclat nous enchante :

Regne dans ces beaux lieux,

Préside à nos jeux ,

Recois nos vœux.
On danse.

C

DEUXIEME'ME COUPLET.

Les dangers , les allarmes ,
Sont la gloire des armes :
Loin d'un honteux repos ,
Les constans travaux
     Font les Heros .

Le cris de la victoire ,
Est le chant de la gloire :
Que ce bruit enchanteur ,
Pour l'heureux vainqueur ,
    A de douceur !

TITAN.

Cessez vos jeux ; recommençons la guerre.
Cherchons nos ennemis , jusqu'au bout de la terre.

FIN DU PREMIER ACTE.

ACTE SECOND.

Le Théatre repréfente les Jardins fecrets du Temple de Cibelle en l'Ifle de Crête, dans lefquels les Coribantes avoient élevé Jupiter, Neptune & Pluton. Ils les gardoient dans cet azile, afin que Saturne & les Titans ne puffent les découvrir.

SCENE PREMIERE.

JUPITER.

RANSPORTS impétueux de la
  plus vive flamme,
En faveur de Junon, éclatés en ce jour :
Les malheurs de fon pere ont pénétré
  mon ame,
Il faut en le vengeant, annoncer mon amour.

J'ai langui trop longtems dans ce charmant azile,
  J'y paffe une vie inutile,
  Dérobons-nous à fes appas ;
L'innocence a befoin du fecours de mon bras.
      C ij

Mais quelle ardeur m'emporte ? Et quelle audace
extrême !

O ! Jupiter ! Te connois-tu toi-même ?
Je m'ignore, il est vrai, mais j'entends le Destin,
Son pouvoir n'a point mis la foudre dans ma main,
Pour la laisser oisive au milieu de la guerre :
Les Dieux l'ont déclarée, il faut quitter la terre.
O Destin ! Ouvre-moi les Cieux,
Je brûle d'attaquer les Dieux.

Transports impétueux de la plus vive flamme,
En faveur de Junon, éclatez en ce jour :
Les malheurs de son pere ont pénétré mon ame,
Il faut en le vangeant, annoncer mon amour :

C'est Junon qui paroît, elle répand des larmes ;
Tirans des Cieux, tremblez, vous causés ses allarmes.

SCENE II.

JUPITER, JUNON.

JUNON.

*V*Ous connoissés nos maux, et quel est mon amour,
Jupiter, c'est vous seul que j'implore en ce jour.

JUPITER.

Cessez vos pleurs, laissez éclater ma colére,
Les Titans vont tomber dans les gouffres cruels,
Où le Ciel fait gémir ses enfans criminels,
Vous reverrés Saturne & votre mere.

JUNON.

Hélas

JUPITER.

Vous soupirés, Déesse, doutez-vous
Des effets glorieux de mon juste courroux ?

JUNON.

Notre esperance est dans vos armes,
Tout doit céder à leur effort :
Mais, hélas ! Je redoute un si puissant transport.

JUPITER.

Ah ! Plûtôt, de mon sort ressentez tous les charmes.

JUPITER,

L'Amour m'a soumis votre cœur;
Un triomphe si beau va me combler de gloire:
Il ne manquoit à mon bonheur,
Que de vous obtenir des mains de la Victoire.

JUNON.

Je vous aime, je crains!.....Si le Destin, hélas!
Avoit assujetti Jupiter au trépas,
Quel seroit mon malheur! Junon est immortelle.

JUPITER.

Le Ciel doit aprouver une flamme si belle,
Témoin de l'effort de mes coups,
Je veux qu'à ma grandeur lui-même il porte envie:
Envain le sort jaloux,
Au pouvoir de la Parque auroit livré ma vie:
Je deviens immortel en combattant pour vous.

JUNON.

Saturne, c'est pour toi, que le Heros que j'aime,
Va s'exposer à des périls affreux:
Sans toi, sans ton sort rigoureux,
Notre bonheur seroit extrême.

Loin des vaines grandeurs, en des lieux pleins d'apas,
Il est doux de fixer les pas

De la fortune vagabonde :
Contents de notre amour, dans une paix profonde,
Nous laisserions aux Dieux,
Le soin ambitieux
De gouverner le monde.

JUPITER.

Vous quitteriés pour moi le céleste séjour ?
Ah ! Je n'ai plus de vœux à faire :
Le bonheur de vous plaire,
Rend mon courage égal à mon amour.
,, Laissez agir le transport qui me guide.

JUNON.

,, Plus votre amour m'est précieux,
,, Plus mon bonheur me rend timide.

JUPITER.

,, Ne craignés rien pour moi de la Parque homicide,
,, L'Amour & le Destin couronneront nos feux.

ENSEMBLE.

Amour, doux tiran de nos ames,
Lance de nouveaux traits dans nos cœurs enflammés :
S'il faut qu'un sort cruel traverse un jour nos flammes,
Ah, laisse-nous du moins le plaisir d'être aimés !

JUPITER.

Mais, Neptune & Pluton à mes yeux se présentent :
Tout me dit qu'en ce jour , je dois être vainqueur.

SCENE III.

JUPITER, JUNON, NEPTUNE, PLUTON.

NEPTUNE, PLUTON.

IL n'est point de périls que nos armes ne tentent.
Jupiter , nous venons féconder ta valeur.

LES TROIS DIEUX ENSEMBLE.

Courons à la victoire ,

Partageons entre-nous les dangers & la gloire :
     Nous combattons pour l'Univers ,
     Dans une heureuse intelligence
     Soumettons à notre puissance ,
     Le Ciel , la Terre , et les Enfers.

JUPITER.

Quel spectacle répond à mon impatience ?
Le Destin se déclare : un char descend des airs.

LES TROIS DIEUX.

Courons à la victoire.
Partageons entre nous les dangers & la gloire.
                  JUNON.

JUNON.

Pendant qu'ils montent dans les cieux.

Que cet instant me fait frémir d'effroi !
Je te suis dans les airs, je tremble, je frissonne !
Tu disparois, que mon cœur craint pour toi !
Ton projet m'épouvante ! Et ta valeur m'étonne !
Tous les Dieux sont armés, le péril t'environne.
Ciel ! Protege un Heros qui s'expose pour moi,
Conduis son bras, soumets tout à sa loi.

SCENE IV.

JUNON, LES CORIBANTES.

JUNON.

Ministres de Cibelle, illustres Coribantes,
Venez, venez, accourez tous :
Chantez de Jupiter les armes foudroyantes,
Chantez les traits vainqueurs qu'il va lancer pour
nous.

CHOEUR.

Chantons de Jupiter les armes foudroyantes,
Chantons les traits vainqueurs qu'il va lancer pour
nous.

On danse. D

On entend le tonnerre, et le fond du théâtre eſt enflamé
d'éclairs.

JUNON.

J'entends déja le tonnerre qui gronde ,
Son bruit , ſes éclats furieux
Portent l'horreur juſqu'au centre du monde.

CHOEUR.

Le bruit redouble pendant le CHOEUR qui ſuit.

Triomphe Jupiter , ſois le maître des Dieux ,
La foudre eſt dans tes mains , l'éclair eſt dans tes yeux.
Le bruit affreux de ton tonnerre
Ebranle & les cieux & la terre ,
Triomphe Jupiter , ſois le maître des Dieux.

Le bruit ceſſe tout à coup

JUNON.

Mais, d'où naît ce profond ſilence ? …
Que ce ſilence affreux épouvante mon cœur !

JUNON, ET LE CHOEUR.

O Ciel ! Quelle eſt notre eſperance !
Jupiter , n'es-tu pas vainqueur ?

JUNON.

Sois sensible à nos vœux, calme un cœur qui t'adore,
Ah ! Pour le rassurer fais briller tes éclairs,
Et qu'un coup de ta foudre en traversant les airs,
M'annonce que dumoins tu respires encore.

On entend des chants de triomphe dans les airs,
le Ciel s'ouvre.

CHOEUR DE DIVINITE'S,

De Jupiter célébrons les exploits,
L'Olimpe & l'Univers sont soumis à ses loix.

JUNON.

Ah ! Mon amant remporte la victoire,
Le Ciel retentit de sa gloire.

CHOEUR.

De Jupiter célébrons les exploits,
L'Olimpe & l'Univers sont soumis à ses loix.

D ij

SCENE V.

JUPITER, JUNON, TROUPE DE DIVINITE'S.

JUPITER, descendant du Ciei.

Dieux, qui suivés & Sarturne & Cybelle,
    Allez, descendez aux enfers :
Ramenés votre Maître à la Cour immortelle,
Partez ; à leurs Tirans allez donner des fers.

à JUNON.

    „ Je triomphe belle Déesse,
„ J'ai chassé les Titans du céleste sejour,
„ Saturne y va regner, que votre crainte cesse ;
„ A ce trait éclatant connoissez mon amour..

JUNON.

Votre flamme fidelle & tendre,
Rend l'Univers à nos souhaits !
Mon cœur peut-il jamais prétendre
D'acquitter de si grands bienfaits ?

JUPITER.

„ Lui seul fait tout l'éclat dont brille ma victoire,
„ C'est mon unique espoir, c'est mon suprême bien :
„ Au comble du bonheur je méconnois la gloire,
„ Sans vous, sans notre amour, l'Univers ne m'est rien.

SCENE VI.
SATURNE, CIBELLE,
Et les Acteurs de la Scene précédente.

SATURNE ET CIBELLE, à JUPITER.

Quelle reconnoissance
Peut égaler vos bienfaits précieux ?
Montez sur le Trône des Dieux,
Partagez avec nous la suprême puissance.

JUPITER.

Non, je n'ai point soumis ce glorieux séjour,
Pour le soustraire à votre Empire :
Regnez sur tout ce qui ce qui respire,
Ne récompensez que l'Amour.

Ce digne objet de l'ardeur la plus tendre,
Touche bien plus mon cœur que la Terre & les Cieux :
L'aimer, plaire à ses yeux,
Est le seul prix que j'ose attendre
De mes exploits victorieux.

SATURNE.

D'un tel himen je cherirois les nœuds :
Mais enfin, ne peut-on aprendre
Quel Immortel vous a donné le jour ?

         JUPITER,

JUPITER.

Je ne connois que ce séjour ,
Le reste est un secret que je ne puis comprendre.

SATURNE.

Pour en être éclaircis consultons le Destin :
A l'himen de Junon un Dieu seul peut prétendre.

JUPITER.

Le Destin est pour moi , mon bonheur est certain.

SATURNE.

Dans son Temple sacré, Saturne va se rendre.

FIN DU SECOND ACTE.

ACTE TROISIÉME.

Le théâtre repréfente le Temple du Deftin.

SCENE PREMIERE.
SATURNE.

UEL fecours imprévû ? Quel in-
domptable bras
Me rend la liberté, ma gloire, mes états?
Quel eft donc ce vangeur, dont le pou-
voir terrible
Vient de foudroyer à nos yeux
Les coupables enfans des Dieux?
Ah ! S'il étoit poffible,
A tes vertus, à tes coups triomphans
Je te croirois mon fils, mais toujours inflexible,
Pour remplir un ferment horrible,
J'ai fait périr tous mes enfans.

Vous des decrets du fort, fages Dépofitaires,
Venez commencez vos mifteres.

SCENE II.

SATURNE,
LE GRAND-PRETRE DU DESTIN.

entouré de ses ministres.

SATURNE.

Mon ordre vous assemble en ce lieu redouté :

Sachez du sort, quel sang, illustrant mon empire,

A pû donner au cieux Jupiter indompté,

Et s'il peut aspirer à l'hymen qu'il desire.

LE GRAND-PRETRE.

Destin, tu régis tous les temps,

Les siecles devant toi sont moins que des instans.

Tout finit, tout commence,

Selon que tu l'as prononcé :

Toi seul ne finis point : Tu n'as point commencé.

CHOEUR.

Destin, tu régis tous les temps,

Les siecles devant toi sont moins que des instans.

LE

LE GRAND-PRETRE.

Ta voix ſoumet les Dieux à ton obéïſſance,
La nature eſt tremblante à tes ordres divers :
Le cahos, l'univers,
Sa chûte, ſa naiſſance,
Sont les ſublimes jeux de ta vaſte puiſſance.

CHOEUR.

Deſtin, tu régis tous les temps,
Les ſiecles devant toi ſont moins que des inſtans.

LE GRAND-PRETRE.

Dans un Livre éternel, que le miſtere couvre,
Tes décrets ſont gravés ſur des tables d'airain :
L'effort des plus grands dieux voudroit l'ouvrir en vain,
C'eſt le temps ſeul qui l'ouvre.

TROIS MINISTRES, ET LE CHOEUR.

Tes ſecrets
Sont impénétrables,
Et tes Arrêts
Irrévocables.

LE GRAND-PRETRE, ET LE CHOEUR.

„ O ! Divine ſévérité !
„ O ! favorable obſcurité.

E

JUPITER,

LE GRAND-PRETRE.

,, *Sans cette sage prévoyance,*
,, *Qui du sombre avenir voile la connoissance,*
,, *Les Dieux trop certains de leur sort,*
,, *Perdroient tous les plaisirs que donne l'esperance,*
,, *Et les Humains dans l'abondance,*
,, *Au milieu des plaisirs, redouteroient la mort.*

CHOEUR.

,, *Tes secrets*
,, *Sont impénétrables,*
,, *Et tes Arrêts*
,, *Irrévocables.*

On danse.

LE GRAND-PRETRE.

Oracle révéré des Dieux,
Toi qu'en ce Temple on adore,
C'est Saturne qui t'implore,
Destin, favorise ses vœux.

On entend un bruit souterrain.

Le Ciel frémit ! La terre tremble,
La Mer est immobile, et les vents arrêtés
N'entendent plus la voix du Dieu qui les assemble.
Le Ciel frémit ! La terre tremble,
Le Destin va répondre, écoutés, écoutés.

Le fonds du Théatre s'ouvre, on voit LE TEMPS apuyé fur le globe de l'Univers tenant fa Faux d'une main, et le Livre du Deftin de l'autre, le Miftere eft à côté de lui.

LE TEMPS élevé fur l'Autel, ouvre le Livre.

L'ORACLE DU DESTIN.

Jupiter eft du Sang des Dieux,
Et l'Epoux de Junon doit regner dans les Cieux.

Le Livre & la Porte fe referment avec bruit & les Miniftres fe retirent.

SCENE III.
SATURNE.

Qu'entends-je! Jupiter, tu deviendrois mon maître!
Eh quoi! Je retrouve un rival?
O Deftin trop fatal!
D'un funefte avenir que m'as-tu fait connaître?
Jupiter s'avance en ces lieux,
Ma peine ne fauroit fe cacher à fes yeux.

S C E N E   IV.

S A T U R N E ,   J U P I T E R.

J U P I T E R.

ENfin, au desir de ma flamme,
Le Destin a-t'il répondu ?

S A T U R N E.

Ah ! Ne voyez vous point au trouble de mon ame,
Que votre espoir est confondu ?

J U P I T E R.

Qu'est-cedonc qu'en ce Temple on vous a fait entendre ?

S A T U R N E.

Que l'Epoux de Junon, usurpant mes Autels,
Doit commander aux Immortels.

J U P I T E R.

Contre vos ennemis je viens de vous défendre ,
Eh ! Vous craignés de moi des desseins criminels ?

S A T U R N E.

Je crains ce que le sort m'annonce.

J U P I T E R.

Rassurez-vous , et croyés que mon cœur ,
Ne vous ravira point la suprême grandeur :
Aux promesses du sort , pour jamais il renonce.

S A T U R N E.

Quelque soit de l'Amour l'enchantement vainqueur,
Il ne peut détourner le coup que je dois craindre :
Le temps éteindra votre ardeur,
L'ambition ne peut s'éteindre.

J U P I T E R.

Si mon amour ambitieux
Avoit voulu jouir des fruits de la victoire,
Maître des Dieux !
Vous seriez dans les fers, je serois dans les Cieux.
J'ai préféré l'amour à l'éclat de la gloire,
Quand Jupiter le dit, Saturne doit le croire.

S A T U R N E.

Non, ma grandeur s'oppose à ce lien,
Je ne veux point de Maître, et vous seriez le mien :

J U P I T E R.

J'ai peine à retenir le transport qui m'anime.
De vos fiers ennemis l'Empire est abatu ;
Craignez à leur exemple un couroux légitime,
Espérez-vous conserver par le crime,
Ce qui n'est dû qu'à la vertu ?
J'ai puni les Titans, J'ai vangé votre injure,
Ah ! Je saurai sur vous me vanger d'un parjure.

E N S E M B L E.

„ JUPITER. { *Tremblez,* }
„ SATURNE. { *Fuyez,* } *je céde à mon courroux,*

„ *Mon* { *amour outragé ne peut* / *pouvoir offensé ne peut* } *plus se contraindre :*

„ { *Vous craignez* / *Quand je crains* } *les Destins jaloux :*

„ { *Et c'est Jupiter qu'il faut* / *C'est à Jupiter à me* } *craindre.*

JUPITER *sort.*

SCENE V.
SATURNE, CIBELLE.

CIBELLE.

JUpiter fort de ces lieux,
Quel trouble agite fon ame?

SATURNE.

Le fort a condamné fa flamme,
Son himen le rendroit le fouverain des Dieux.
Que la Terre aujourd'hui contre un audacieux
Seconde nos efforts terribles ;
Qu'elle enfante à nos yeux
Des Géants furieux,
Et des monftres horribles
Qui vangent la terre & les cieux.

SCENE VI.

CIBELLE.

O Ciel, que de fureurs ! Quelle aveugle colere !
Quelles mains vont s'armer !
Et sur ce terrible mistere
Je suis contrainte de me taire.
Une guerre effroyable est prête à s'allumer.
„ Epouse ou Mere infortunée,
„ Je vois avec terreur l'affreuse destinée
„ Qui les menace en ce moment :
„ Epouse ou Mere infortunée
„ Je crains également
„ Saturne ambitieux & Jupiter amant.
Dans ce cruel instant, O Ciel ! Que dois-je faire ?
Lorsque le malheur nous poursuit,
Le retarder, peut être salutaire :
L'heureux instant qui le differe,
Est souvent ce qui le détruit.
Allons du dieu Morphée implorer l'assistance,
De ce Heros dumoins suspendons la vangeance.

FIN DU TROISIEME ACTE.

ACT. IV.

ACTE QUATRIÉME.

Le Théatre repréfente le Palais du Sommeil,
JUPITER y paroît endormi au milieu des Songes.

SCENE PREMIERE.

LE SOMMEIL, MORPHE'E, LES SONGES.

MORPHE'E.

S ONGES qui me fuivés, par des
jeux agréables,
Enchantés Jupiter dans ce charmant
féjour :
Offrez-vous à fes yeux fous des formes aimables,
Que ce Héros perde en ce jour
Le defir de vanger un malheureux amour.

E

JUPITER,
CHOEUR DES SONGES.

Par des jeux agréables,

Enchantons Jupiter dans ce charmant séjour :

Offrons-nous à ses yeux sous des formes aimables,

Que ce Héros perde en ce jour

Le desir de vanger un malheureux amour.

MORPHE'E.

Regnez dans ces riants bocages,

Regnez, Plaisirs mistérieux :

Que vos attraits délicieux,

Par la diversité de leurs douces images,

Attendrissent les cœurs, séduisent tous les yeux.

Regnez dans ces riants bocages,

Regnez, Plaisirs mistérieux :

On danse.

UN SONGE sous la forme d'un Amant, cherche à
attendrir l'Objet qu'il aime. L'Espérance vient le consoler
de ses rigueurs, et lui amene l'Amour, qui tire un trait de
son carquois & en blesse l'Indifférente. Les deux Amans
se réunissent, et meslent leurs danses à celles de l'Espérance & de l'Amour.

UN SONGE AVEC LE CHOEUR.

Doux menfonges!
Doux fonges!
Emparez-vous de ces beaux lieux,
Offrez-nous l'image des Cieux :
Heureux charme!
Défarme
Le plus à plaindre des Amans ;
Vole, enchante fes tourmens.

CHOEUR.

Doux menfonges, &c.

UN SONGE.

Sur fes maux,
Verfons des Pavots ;
Notre paix profonde
Fait le bien du monde.
Defir,
Image du Plaifir ;
Dans un cœur enchanté
Conduis la volupté !
Qu'il préfére au réveil
Un doux fommeil.

Vole, Plaifir flatteur ,
Regne enfant féducteur :
Fais, des nuits des amours,
De beaux jours.

JUPITER;
CHOEUR.
Doux menſonges!
Doux ſonges!
Emparez vous de ces beaux lieux;
Offrez-nous l'image des Cieux:
Heureux charme!
Déſarme
Le plus à plaindre des Amans;
Vole, enchante ſes tourmens.

UN SONGE.
Tous les vœux
Ne ſont point heureux;
Les ardeurs,
Les tendres langueurs,
Coûtent mille pleurs:
Mais ſous notre Empire,
Le bonheur reſpire.
Goûtez
Sous des traits empruntés
Des plaiſirs que l'Amour
Détruit avec le jour:
Le plus grand bonheur
N'eſt qu'une erreur.

CHOEUR.

Doux menſonges !
Doux ſonges !
Emparez-vous de ces beaux lieux,
Offrez-nous l'image des Cieux :
Heureux charme !
Déſarme
Le plus à plaindre des Amans,
Vole, enchante ſes tourmens.

MORPHE'E.

Un charme trop puiſſant ſurmonte notre effort,
Jupiter ſe réveille, il faut céder au ſort.

JUPITER.

Où ſuis-je ! Et quel pouvoir ſuprême
Trahit ici ma gloire, et m'arrache à moi-même ?
Ce jour attend de moi des exploits glorieux :
Diſparoiſſez, Lieux pleins de charmes,
Il eſt tems de voler aux Cieux,
Je conſacre à Junon mon amour & mes armes.

JUPITER monte aux Cieux au milieu de la foudre & des éclairs.

Le Théatre repréſente les Champs Phlégréens en Theſſalie, dont les Foreſts paroiſſent encore enflammées,

LA TERRE environnée de ſes Peuples, eſt triſtement couchée ſur un Trône de Rocher.

SCENE II.

LA TERRE, PEUPLES, ET BERGERS
Effrayés du bruit & des feux du Tonnerre.

CHOEUR.

Quels ravages affreux
Ont détruit notre espérance !
Les plaines, les vallons promettoient à nos vœux
Les tréfors de l'abondance.

Quels ravages affreux
Ont détruit notre espérance !

DEUX HABITANS.

„ *De malheureux mortels font tombés fous vos coups,*
„ *D'un trépas inconnu leur fureur eft fuivie,*
„ *O Ciel ! Inventez-vous*
„ *Quelque nouveau moyen de nous ôter la vie ?*

CHOEUR.

„ *Nous voyons affés-tôt le ténébreux féjour,*
„ *Chaque inftant d'un mortel, un autre prend la place,*
„ *Grands Dieux ! Laiffez au tems qui paffe,*
„ *Le funefte plaifir de nous ravir le jour.*

SCENE III.

LA TERRE, SATURNE.

SATURNE.

D E'E S S E, il faut s'armer contre un audacieux,
Qui répand l'épouvante & l'horreur en tous lieux.

LA TERRE.

Il a déja porté la fureur qui l'inspire
Jusqu'au centre de mon empire :
Il a brisé mes tours, renversé mes palais ;
Il ravage mes champs, consume mes forêts.

SATURNE.

Jupiter sur ses pas enchaîne la victoire :
Il cause vos douleurs, il me ravit ma gloire !
Hâtons-nous d'arrêter ses funestes transports ;
Pour braver le tonnerre, unissons nos efforts.

ENSEMBLE.

Ne souffrons point qu'on nous opprime,
Bravons d'un Dieu l'implacable rigueur :
Hâtons-nous de punir le crime,
Faisons voler le trouble & la terreur.

JUPITER,
LA TERRE.

Fiers Enfans de la Terre ;
Un cruel ennemi nous déclare la guerre ;
Accourez, vangez-nous d'un superbe vainqueur,
Venez, empreſſez-vous, imitez ſa fureur.

SATURNE.

„ *Offrez à la lumiere*
„ *Des monſtres odieux,*
„ *Dont la tête altiere*
„ *Porte l'effroi dans les cieux :*
„ *Plus prompts, plus cruels que la foudre ;*
„ *Qu'ils réduiſent en poudre*
„ *Le bras audacieux*
„ *Qui s'eſt armé contre les Dieux.*

On voit ſortir en foule de la terre, des Géans prodigieux, et des monſtres demi-hommes & demi-ſerpens.

S C. IV.

SCENE IV.

SATURNE, LA TERRE, LES GEANS.

LA TERRE.

Combattez le tonnerre,
Soumettez à la Terre
Le ciel & les enfers.
Rendez la paix à l'univers.

CHOEUR DES GEANS.

Que tout céde à notre courage,
Qu'on éprouve la rage
Qui nous enflamme tous :
De la Terre que l'on outrage,
Secondons le juste couroux.

Dans ces vastes campagnes,
Victimes d'un audacieux,
Arrachons les rochers, entassons les montagnes ;
Que nos efforts épouvantent les Dieux :
Monumens redoutables,
Servez nos fureurs implacables,
Aidez-nous à monter aux cieux.

G

JUPITER,
LA TERRE.

Empreſſez-vous de nous deffendre.
Que l'Olimpe céde à vos coups :
Forcez Jupiter d'en deſcendre,
Géants, ſecourez-nous.

CHOEUR DES GEANS.

,, *Que tout céde à notre courage,*
,, *Qu'on éprouve la rage,*
,, *Qui nous enflamme tous,*
,, *De la Terre que l'on outrage,*
,, *Secondons le juſte couroux.*

,, *Dans ces vaſtes campagnes,*
,, *Victimes d'un audacieux,*
,, *Arrachons les rochers, entaſſons les montagnes ;*
,, *Que nos efforts épouvantent les Dieux :*
,, *Monumens redoutables,*
,, *Servez nos fureurs implacables,*
,, *Aidés-nous à monter aux cieux.*

Pendant ce Chœur, les Géans arrachent des rochers &
en forment des montagnes qui les élevent juſqu'au Ciel.

SCENE V.

Le Ciel s'ouvre, JUPITER paroît armé de la foudre, au milieu de NEPTUNE ET DE PLUTON : Les Acteurs de la Scene précédente.

JUPITER.

TEmeraires, tremblez, connoissez votre maître ;
Vous entassez envain ces rochers & ces monts ;
Accablez sous leur poids, vous allez disparaitre :
Tombez, monstres, tombez dans ces gouffres profonds
Où la terre vous a fait naître.

CHOEUR des Géans renversés par le tonnerre.

Les montagnes tombent sur nous,
Ciel ! Nous périssons tous.
LA TERRE s'abîme.

SATURNE, ET CIBELLE,
ENSEMBLE.

O ! Chûte épouventable ! O trop funeste guerre !
Sauvons-nous au bout de la terre.

G ij

SCENE VI.

JUPITER,

Aux Peuples de la terre.

Mortels, effrayés des horreurs

D'une guerre injuste & cruelle,

Revenez dans ces lieux, Jupiter vous apelle,

Jouissez de la paix qu'il assure à vos cœurs.

Le théâtre change, et représente une belle campagne.

SCENE VII.

TROUPE DE BERGERS,
et d'Habitans de la terre.

UNE BERGERE,
Alternativement avec le Chœur.

Oublions dans les plaisirs
Nos peines, nos tristes soupirs ;
Que nos chants mélodieux
Célébrent le plus grand des Dieux :

Il rassemble tous les charmes
Des plus heureux vainqueurs :
Il triomphe par les armes,
Et regne dans les cœurs.　　　On danse.

UN BERGER, avec le Chœur.
Plaisir, embellis les Cieux
Pour notre Maître :
Nos cœurs l'ont mis en ces lieux
Au rang des Dieux.

LE BERGER.
Ses regards te font renaître,
Vole, regne à jamais ;
Vole, regne, assure-nous la paix.

JUPITER,

CHOEUR.

Plaisir, embellis les Cieux
Pour notre Maître :
Nos cœurs l'ont mis en ces lieux
Au rang des Dieux.

UN BERGER.

Dans le sein de la victoire,
Son grand cœur
Soumet sa gloire
A notre bonheur :

Tout l'admire !
Tout doit dire :

Plaisir, embellis les Cieux
Pour notre Maître :
Nos cœurs l'ont mis en ces lieux
Au rang des Dieux.

On danse.

FIN DU QUATRIEME ACTE.

ACTE CINQUIÈME.

Le Théatre repréfente un Sallon intérieur
du Palais de JUNON.

SCENE PREMIERE.
JUNON.

CHER & cruel auteur de mes vives
allarmes,
Q'efperes-tu de ta fureur ?
Le fatal effort de tes armes ,
A rempli l'Univers de trouble & de terreur !

Mon pere, de tes traits , victime infortunée ,
Sous leurs coups vient de fuccomber !
Et dans une même journée
Tu l'éleves aux Cieux & tu l'en fais tomber.

J'ai crû que tu m'aimois , et ma timide flamme
    Esperoit trouver dans ton ame
Les feux que mon amour fit paroître à tes yeux :
    Mais tu n'es qu'un ambitieux !

Cher & cruel auteur de mes vives allarmes ,
    Qu'espéres-tu de ta fureur ?
    Le fatal effort de tes armes ,
A rempli l'Univers de trouble & de terreur !

    Mais c'est lui qui s'avance ,
    Funeste Amour , sers ma vangeance.

SCENE II.
JUPITER, JUNON.
JUPITER.

Pour la seconde fois j'ai soumis l'Univers ,
Ne me reprochés point une juste victoire ,
Déesse , par vos pleurs n'alterés point ma gloire :
Le Vainqueur à vos pieds, vous demande des fers.

JUNON.

Qu'entends-je ! Est-ce Junon qui reçoit cet hommage ?

JUPITER.

Ah ! Ne condamnés point l'exès de mon ardeur ,
Il falloit triompher, ou perdre votre cœur.

JUNON.

JUNON.

Ciel ! Devois-je m'attendre à ce nouvel outrage ?

Jupiter de ses feux ose encor me parler ?
Cruel ! Après le coup dont tu viens d'accabler
Saturne & sa triste famille,
Viens-tu dans son Palais insulter à sa fille ?
Pour m'appaiser, tes soins sont superflus :
Va, fuis loin de mes yeux, je ne t'écoute plus.

JUPITER.

Eh quoi ? Belle Déesse !
Verrez-vous sans pitié, la douleur qui me presse ?

A Saturne en ce jour,
Mon bras a déclaré la guerre :
Mais c'est au feu de mon amour,
Que s'est allumé mon tonnerre.

JUNON.

L'Amour t'a pû forcer au plus grand des forfaits !
Quoi, ta fureur & ta rage inhumaine,
De ce Dieu si charmant, sont les fatals effets ?
Ton amour nous ravit la grandeur souveraine !
C'est lui qui, trahissant les plus tendres ardeurs,
M'arrache mon amant & m'abandonne aux pleurs !
Ah, Cruel ! Qu'eût donc fait ta haine ?

H

 JUPITER,

JUPITER.

Vous me fuyés, n'ai-je donc plus d'espoir?

JUNON.

Que me demandes-tu ? Non, je ne puis t'entendre,
Sans offenser ma gloire & trahir mon devoir.
Barbare ! Vainement tu voudrois te défendre,
Il faut nous séparer & ne nous voir jamais.
Je sens trop que mon cœur, après ce coup terrible,
Ne doit plus espérer de paix :
Hélas ! Que ne m'est-il possible.
D'expirer à tes yeux des maux que tu m'as faits !

JUPITER.

Junon, écoutez-moi : Cette guerre funeste,
Qui ravit à Saturne un Trône glorieux,
N'est point de mes desirs l'essor ambitieux ;
Croyés-en mon amour, c'est lui que j'en atteste :
Ces foudres redoutés qui partent de ma main,
N'ont fait qu'exécuter les ordres du Destin.

JUNON.

Ah ! Dans sa fatale puissance,
Ne cherche point d'excuse à ta funeste ardeur :
S'il te restoit quelqu'innocence,
Tu la trouverois mieux dans le fond de mon cœur.

JUPITER.

Amour, ne permets pas que je fois la victime
Des feux que tu fûs m'infpirer,
Ils ont armé mon bras, c'eft toi qui fis mon crime,
C'eft à toi de le réparer.
Ils ont armé mon bras, c'eft toi qui fis mon crime,
Vole Amour, vien le réparer.

On entend une fimphonie mélodieufe.
L'AMOUR paroît fur un nuage.

Il m'entend ! Jé le vois !

JUNON.

Quel trouble !

JUPITER.

Il va lui-même
Nous annoncer du fort la volonté fuprême.

JUNON, à part.

Puiffe-t'il accorder par fon pouvoir vainqueur,
Les intérêts d'un pere & les vœux de mon cœur.

SCENE III.

JUPITER, JUNON, L'AMOUR
sur un nuage.

L'AMOUR.

REçois de Jupiter la main & la Couronne,
Saturne est apaisé, ses vœux sont satisfaits,
L'Empire de la terre a fixé ses souhaits :
Junon, regne en ces lieux, le Destin te l'ordonne,
L'Amour te le demande, et l'Olimpe est en paix.

JUPITER, à JUNON.

Déesse, vous voyés que le Ciel autorise
L'hommage que je rends à vos divins apas,
Qu'Amour encor me favorise,
Saturne est satisfait, Jupiter ne l'est pas.

JUNON.

Pour jouir du succès de votre heureuse flamme,
Ressentés le plaisir qui passe dans mon ame :
Le devoir au destin obéit en ce jour,
Mon cœur n'obéit qu'à l'Amour.

JUPITER, ET JUNON,
ENSEMBLE.

Le tendre Amour nous dédommage
De tous les maux qu'il nous a faits :
Goutons le charmant avantage
De nous trouver conſtans, et d'aimer à jamais.

JUPITER.

Du Maître du tonnerre,
Séjour délicieux,
Avec tous vos apas, offrez-vous à nos yeux :
Jeux, enfans de la Paix, délices de la Terre,
Devenez l'ornement des Cieux ;
Par vos accords harmonieux,
Effacez pour jamais l'image de la guerre :

Et vous Divinités de la céleſte Cour,
Par vos chants immortels, célébrez ce grand jour.

SCENE IV.

Le Théatre change, et repréfente le Palais
de JUPITER.

JUPITER, JUNON, NEPTUNE, PLUTON,
Et les autres Divinités du Ciel.

JUPITER, à NEPTUNE & à PLUTON.

Pour tenir l'Univers dans une paix profonde,
De concert avec moi, prenez le foin du monde.
Neptune, regnez fur les Mers :
Et vous Pluton, commandez aux Enfers :
Les Cieux deviennent mon partage,
Refpectez-y mes loix, et l'Objet qui m'engage.

JUPITER, PLUTON, ET NEPTUNE.
,, Du plus grand des évenemens,
,, Qu'à jamais l'Univers conferve la mémoire :
,, Qu'il foit toujours foumis à nos commandemens,
,, Du foin de fon bonheur nous ferons notre gloire.

On danfe.
CHOEUR DES DIVINITE'S.
Qu'aux travaux du vainqueur, mille plaifirs fuccédent :
Qu'il triomphe partout au gré de fes defirs :
La gloire, les plaifirs,
C'eft tout ce que les Dieux poffédent.
On danfe.

UN PLAISIR,

Alternativement avec le Chœur.

Tendre Amour, prens tes armes,
Vole en ce séjour,
Viens, triomphe à ton tour,
Hâte-toi, tes heureux traits
Ont dans la paix
Plus d'attraits ;
Pour ressentir tes charmes,
Tous les cœurs font prêts :
Transports charmans !
Des amans,
Payez les tourmens :
Ah, quel plaisir ! Quel bien !
Non, rien
Ne vaut un si doux lien :

Si les Dieux
Dans les Cieux,
Sont heureux,
C'est par tes feux.

Tendre Amour, prens tes armes,
Vole en ce séjour,
Viens, triomphe à ton tour :

Ces aziles
Tranquilles
Sont faits pour aimer :
Ta victoire,
Ta gloire,
C'est de nous charmer.

On danse.

UNE DIVINITE´.

Par les foins bienfaifans de ce Dieu tutélaire,
Sans craintes, les Bergers conduifent leurs troupeaux:
Aftre nouveau qui nous éclaire,
Il étend fes faveurs fur les moindres hameaux.

LE CHOEUR répete. *Par les foins, &c.*

UNE DIVINITE´.

Tranquille, heureux, loin des allarmes,
Qu'il partage notre bonheur:
Puiffe-t'il gouter tous les charmes
Dont nous fait jouir fa valeur.

LE CHOEUR répete. *Tranquille, heureux, &c.*

UNE AUTRE DIVINITE´.

Tel qu'un arbre facré qui doit durer fans ceffe,
On verra fes rameaux s'élever dans les Cieux;
Quand la vertu s'unit à la haute fageffe,
Elle produit les Heros & les Dieux.

On danfe.

LES DIVINITE´S

Reprennent le CHOEUR. *Qu'aux travaux, &c.*

FIN.